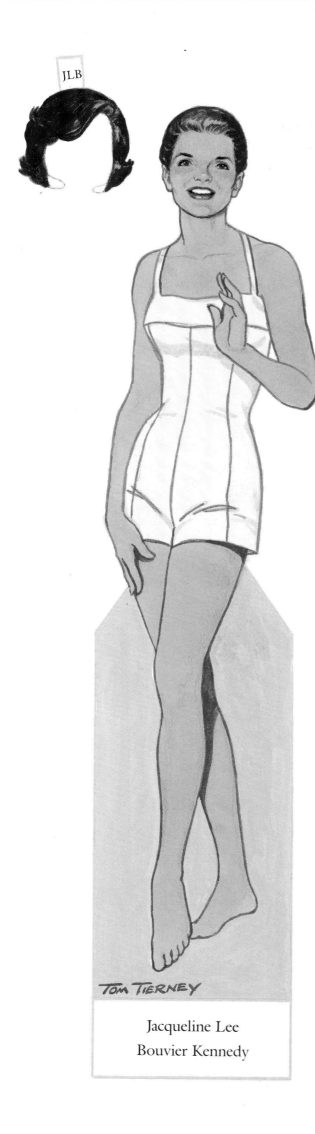

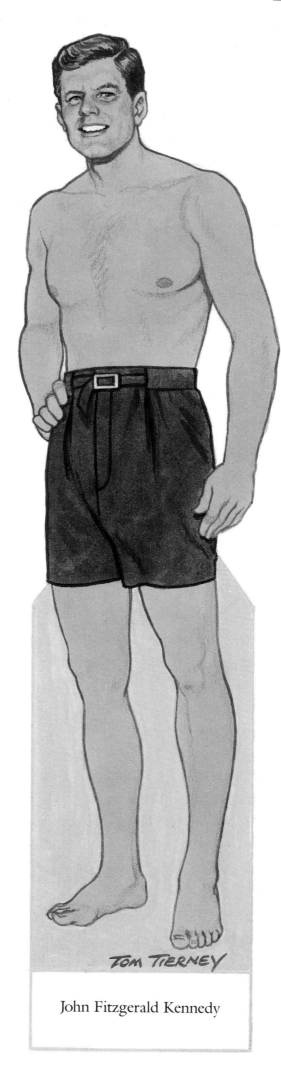

JLB

Jacqueline Lee
Bouvier Kennedy

John Fitzgerald Kennedy

PLATE 1

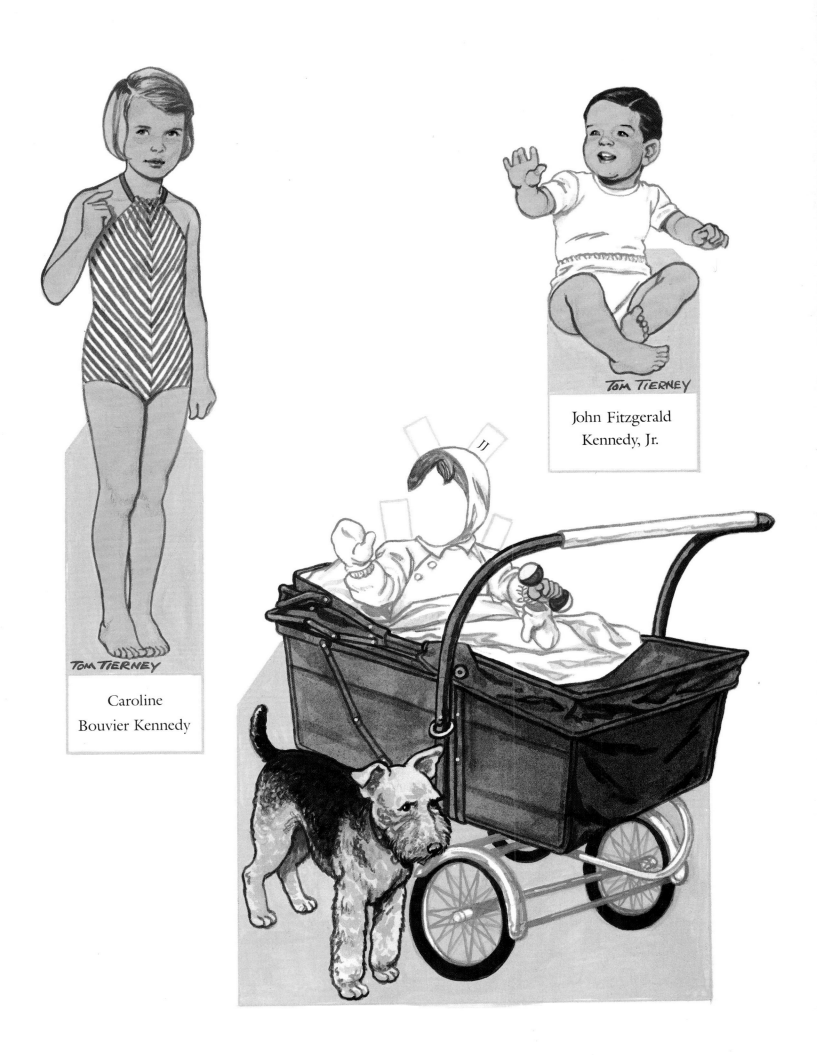

Caroline
Bouvier Kennedy

John Fitzgerald
Kennedy, Jr.

PLATE 2

JLB

JLB

JFK

PLATE 3

PLATE 4

JLB

JLB

JFK

PLATE 5

JLB

JLB

JJ

CK

CK

JJ

PLATE 6

PLATE 7

Macaroni

Caroline
Bouvier Kennedy

John Fitzgerald
Kennedy, Jr.

PLATE 8

JLB

JLB

CK

Do not cut
out area between
arm and body.

JJ

JJ

CK

PLATE 9

JLB

Do not cut
out area between
arm and body.

JFK

PLATE 10

Cut out and hook tabs behind
head, the ends of the hat coming
over the hair.

JLB

JLB

Do not cut
out area between
arms and bodies.

JJ

CK

BOOO

PLATE 11

Do not cut
out area between
arm and body.

CK

JLB

PLATE 12

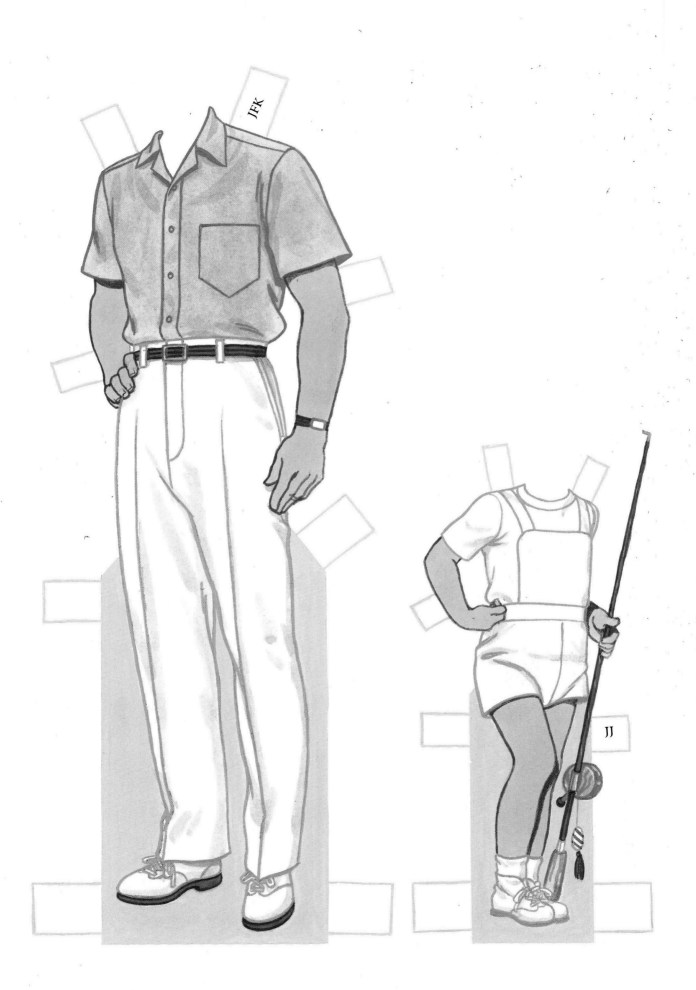

JFK

JJ

PLATE 13

PLATE 14

CK

JLB

JJ

PLATE 16

JLB

JFK

PLATE 15